황금달팽이의 모월모일

某月某日

김경수 신(新) 환경 옴니버스 시집

황금달팽이의 모월모일(某月某日)

초판인쇄 2023년 4월 17일

초판발행 2023년 4월 20일

지은이_ 김경수

발행인_ 이현자

발행처_ 도서출판 현자

등　록_ 제 2-1884호 (1994.12.26)

주　소_ (우)04550 서울시 중구 수표로 50-1(을지로3가, 4층)

전　화_ (02) 2278-4239

팩　스_ (02) 2278-4286

E-mail_001hyunja@hanmail.net

값 13,000원

ISBN 978-89-94820-85-9 03810

김경수 신(新) 환경 옴니버스 시집

– 자연과 생명 그 공생의 길을 묻다

황금달팽이의 모월모일 某月某日

도서출판 현자

| 글머리 |

황금달팽이는 어제저녁, 온몸을 지탱하던 갑옷이 오랜 가뭄 끝에 내린 악천우에 견디지 못하고 무너졌다.

언제부턴가 영양실조에 걸린 손톱처럼 실금이 죽죽 가더니 결국 작은 부대낌에도 견디기 힘들어졌다.

종잇장처럼 얇아진 내 집은 더는 든든한 울타리가 아니며 한낮 햇빛에 노출이라도 되면 몸속은 내장까지도 건조해지며 목이 마른다. 더듬이마저 결국 촉각을 잃어가고 시력도 잃고 있다.

아직 젊지만, 꽃잎의 맛도 짠맛으로 오인할 때가 부쩍 늘어난 일도 사실이다.

몸은 탄력을 잃고 융숭하던 점액질도 줄어 굴러떨어지기가 일쑤다.

과일은 무덤덤하고 채소는 쓰기만 하고 수분도 많지 않다.

시원한 햇살이 그립고 팔랑팔랑 바람을 타고 노는 나비떼가 그립다.

단단한 내 집안에 앉아 위험한 길에서도 공 굴러가듯 거리를 활보하던 때도 있었다.

어느 한적한 숲속 풀벌레 소리 들으며 하늘의 별과 달을 바라보며 행복의 노래 부르던 옛날이 한없이 그립다.

이곳에 실린 80여 편의 시는 청정지역에서만 산다는 시적 화자인 황금달팽이를 통해 재치와 위트를 겸비한 상상력으로 우리가 자연을 보존하지 않으면 어떤 이변이 일어날지도 모르는 미래에 대한 현상들을 표현했으며, 우리의 소중한 생명을 향한 절실하고 현실적인 사랑의 노래다.

녹색환경인 자연과 인간 생명을 지키지 못할망정 파괴하고 더 나아가 지구를 병들게 하는 세계적 현상과 사회적 구조에 폭넓은 저항의식을 나타내고자 했다.

인간의 폐와 같은 숲을 개발이란 명목 아래 마구잡이로 파괴하는 현실 앞에 자연과 인간의 공생 방법을 찾아 우리 스스로 생명을 지키려는 몸부림의 역설이다.

마지막 제5부에서는 생태계와 숲이 파괴 이전으로 복원되어 자연과 생명이 살아나는 치유의 관점에서 바라본 사람과 자연, 생명이 공존하는 행복한 이야기를 다루었다.

-금강이 보이는 뜬봉샘에서

차례

3부

황금달팽이의 모월모일

某月某日

1부

某月某日 -엘리뇨현상

某月某日 -환경 찾기

某月某日 -지각변동

某月某日 -신 버전

某月某日 -가뭄

某月某日 -혼돈

某月某日 -얼음산의 변화

某月某日 -향기로 배부를 세상을

某月某日 -실종된 겨울

某月某日 -펭귄의 나라

某月某日 -백곰의 바다

某月某日 -혜성

某月某日 -온실가스

某月某日 -오존 주의보

某月某日 -밤과 낮

某月某日 -봄

某月某日 -여름

某月某日 -가을

某月某日-겨울

某月某日
-엘리뇨 현상

날씨는 엘니뇨 현상으로
토네이도와 태풍의 위력을 예측할 수 없다
작년, 이상 현상으로 곡물 생산이 나빠
세계인구 절반이 기아에 허덕인단다
연일 위성에서 날아드는 정보는
과거 환경을 가꾸고 돌보지 못한 것에 대한
UN청문회를 열어야 한다는 얘기다.
베트남은 뎅기열로 난리고
남미는 호우가 빈발하고
인도네시아는 가뭄과 산불에 시달리고 있다는 특보
아마존의 산림파괴에 브라질 산림청은
브라질명성을 더럽혔다고 한다
자연은 인간에게 아낌없이 주는 것만이 아니니
이제 인간이 자연을 숭배해야 할 정도라고
사람들은 다소 흥분된 어조로 목소리를 높인다

*엘니뇨 현상: 적도 부근 태평양의 해수 온도가 비정상적으로 높아지는 기이한 현상

某月某日
-환경 찾기

아침 6시에 잠에서 깨어나자
TV 머리기사가 나왔다
모든 발전소가 폐쇄되고
그곳에 사이버 전력 시설이 착공될 예정이란다

수풀 우거진 강기슭
물살을 가르고
고향을 찾는 잉어 떼가
웅성거리는 모습이 그려지는 아침이다

某月某日
-지각변동

E-메일 긴급 타전 오전 10시다
북극과 남극 빙하가 80% 녹아 해면 수위가 갑자기 높아지니
섬나라는 모두 대피!…타전 끊김

몇 달 후
물갈퀴 모양의 한국 지도가 불티나게 팔렸다

*추신: 100년 사이에 지구 평균 기온이 5℃ 상승하면 해수면은 30~40센티 상승 예상

某月某日
-신 버전

하나뿐인 지구
다시는 아름다운 별로 남지 못할 듯…
방울방울 뿌려지는 일기예보에
황금달팽이 눈물
벌써 장맛비다

某月某日
-가뭄

지구의 또 다른 눈물
비의 색깔이 다양하더니 자취를 감췄다

얄팍한 상혼의 업체들
비 오는 날 은근히 기다려 보지만
개천 바닥 죽죽 갈라지는 가뭄 소식뿐

옷 속에서
습도와 함께 스멀거리는 피부병
발아준비 한창이다

某月某日
-혼돈

10년 후
혜성과 지구 충돌 징후가 보인다는 내용이
사이버 우주 항공국으로부터
전 세계로 타전됐다는 정보다
세계의 과학자들이
사이버 우주항공국으로 모여들어 대책 마련에 들어갔다

우주 안에
또 다른 우주가
떠다닐지도 모른다고도 한다

某月某日
-얼음산의 변화

남극과 북극의 얼음산이 급속도로 낮아진다는 보고다
섬나라는 대륙으로의 진출이 점쳐지고
대륙은 우주로의 이동이 시작될지도 모를 일이다

달나라로 가기 위해
선녀의 날개옷을 찾아야 할 모양이다

某月某日
-향기로 배부를 세상을

앞으로
지구의 인구가 100억을 넘을 예상이란다
이들이 배출한 탄산가스는 지구의 큰 위협이 아닐 수 없다

나라마다 식품 회사에 전갈을 보낸다
탄산가스가 발생하지 않는 음식 만드는 일에 전력투구하라고!

라벤더 향기 하나만으로도 배부를 세상을 꿈꾸며

某月某日
-실종된 겨울

2007년에 IPCC(기후변화에 관한 정부 간 위원회)가
발표한 징후가 서서히 나타나고 있다
당시 2100년에 지구의 온도가 100년 전보다 1.1~6.4도까지
상승할 가능성이 있다고 했는데
지구의 온도는 벌써 +3도를 넘어설 조짐을 보인다는
인터넷매체들의 긴급 뉴스다
4~5등급의 슈퍼태풍이 폭우와 함께 상륙하고
지구의 생활 환경이 엄청난 변화를 일으키며 만년 빙산이 녹아내리고
온도가 오를수록 이산화탄소는 바다로 유입되어
바닷물은 산성으로 변한다는 재앙의 목소리가 세계를 떠돌아다닌다

한반도의 아름다운 설경은 전설 속으로 묻혀버릴 것인지 두렵기만 하다

某月某日
-펭귄의 나라

혹한의 백색 대륙
96% 정도가 평균 두께 2,160m의 얼음의 땅
그곳에서 벌어지는 각 나라의, 과학놀이

해독되지 않은 신비
도전과 탐험 속에 녹아내리고
드디어 얼음 속에 숨겨진 열쇠가 열리는 날

해수면이
하루에도 몇 미터씩 출렁일 때
어미 펭귄은 대륙으로 이동할 것이고

아기 펭귄 한 마리
죽음의 파도를 타며 표류할 것이다

某月某日
-백곰의 바다

바닷물이 얼어 형성된
얼음덩어리의 바다
한때 연안에는 고유한 문화와 역사를 지키며
원주민 이누이투족(에스키모인)이
백곰과 바다표범과 어울려 살던 곳

여름 온도가 영상 10도에서 20도에 이르고
얼음의 바다는 서서히 녹아내려
꿈에서도 생각 못 했던 재앙은 그렇게 서서히
숨죽이며 찾아오고 있다

某月某日
-혜성

지구를 향하는 혜성
미국항공우주국(NASA)이 개발한 물체와
충돌이 일어날지 모른다는 엄청난 기사에 초주검
된 사람들

갑자기 귀가 멍하고 비행 음이 폭발적으로 들린다
수억만 년 전 빙하가 생각나고
공룡이 살아 돌아올 것만 같은 느낌이 든다

쥐구멍이 위태롭고
딱따구리의 집이 위태롭고
거리의 아스팔트가 일어서는 느낌이 든다

某月某日
-온실가스

온실가스를 상품처럼 팔고 사는 제도가 시행된지 십수 년이 지났다

지구의 온난화 방지를 위해 각국은 배출량을 줄여 판매 이익을 상당히 거두고 있다

우리나라 온실가스 판매수입은 과거 십수 년 전보다도 더 떨어졌다는 사실에 더욱 목이

타들어 간다.

오히려 다른 국가로부터 부족한 구매 비용이 초과 되었다는 사실-

*온실가스라고 불리는 것은 지구의 대기 속에 존재하며 땅에서 복사되는 에너지를 일부 흡수함으로써 온실효과를 일으키는 기체, 대표적인 것으로는 수증기, 이산화탄소, 메테인이 있으며 우리나라에 서 6가지 가스를 정하고 있다고 함.

*온실가스 배출권 제도가 1997년 교토의정서란 이름으로 채택됨.

某月某日
-오존 주의보

오존 주의보 사이렌이 울렸다
나무 그늘이 사라진
농촌의 들녘과 도시의 거리엔
사람을 구경할 수 없다
집집이 시간의 커튼이 내려져 있다
북쪽으로 향하던 뜬구름도 암울하게 흩어졌다
아주 오랫동안-

某月某日
-밤과 낮

밤과 낮이 바뀌어 간다
태양계가 한발 지구에 가까워졌다는 보도다
지구는 생태계 변화를 일으켜
둥근 모양이 변화될 거란다
살갗에서 느끼는 懊恨오한이 그렇다
오존으로 오염된 지구의 숲이 마른 눈물을 흘린다

某月某日
-봄

서둘러 고향에 들렀다
경계선을 찾았다 싶었는데
어두운 고백으로 끝나고 말았다

갑자기 몰려오는 안개 바람에
전원풍경이 사라졌다
더는 발길을 옮길 수 없다

봄꽃 피우던 숲속
오솔길 그곳이 없다

某月某日
-여름

아침에 일어나 창밖을 보니
북한산에 서리가 내렸다
등산객의 조난이 걱정된다

어제는 천둥 번개로
오늘은 우박으로
그치지 않는 걸 보니
허공이 깨어진 모양이다

某月某日
-가을

갈대숲을 걷고 있었어!
차디찬 불빛들은 은빛을 외면하고
윤기 흐르던 갈댓잎은 푸른 멍투성이였지!

시월의 일몰 속
강가에서
폭염에 한 대 얻어맞은 건가 봐!

某月某日
-겨울

따사로운 졸음이 사르르 밀려 왔다
철로 위를 달리는 깊은 주름투성이 라디오에서
오보를 내보내고 있는 걸까?

강바람,
12월 달력에 을씨년스럽게 달려 울고 있는데
목소리 고운 아나운서가 말하기를-
산천에 개나리, 진달래꽃들이 만개했단다

분명 어제가 대장암으로 돌아가신
형님의 기일 忌日이었던 기억이 난다

그 옛날 기억으로는 분명 숲이 우거진 8월이었는데

2부

某月某日 -새로운 인간 탄생

某月某日 -크로스 에이징

某月某日 -노동 소멸

某月某日 -운동회

某月某日 -술래잡기

某月某日 -오줌 누기

某月某日 -시인 회의

某月某日 -신혼여행

某月某日 -모국어

某月某日 -노인

某月某日 -결혼

某月某日 -가족

某月某日 -패션

某月某日 -분양공고

某月某日 -벌초하기

某月某日 -시장

某月某日 -창고

某月某日
-새로운 인간 탄생

이른 아침에 애마르다* 영상 편지를 읽었다
국제간 인간 복제 범죄 집단이 대규모 적발되어
우주 공간 감옥행 신세가 되었고
UN에서는 긴급 총회를 열어 이를 금지하는 결의안 채택
지구상에서 영원히 추방키로 했다는 내용이다

고귀한 인간
더는 신의 영역이 아닌가 보다

*애마르다: 초조하고 안타까워하다

某月某日
-크로스 에이징

어린이가 어른 같고
어른이 어린이처럼 되어진다

누가 어른이고 누가 어린아이인지?
나이테를 찾아보아야겠다

某月某日
-노동 소멸

큰아들이 취직했단다

회사주소: http//www.hunter.co.ko.hh

장소: 20세기에 사용하던 공부방

공장: 공장 자동화 컴퓨터 로봇 시스템으로 운영

현장 노동 인력 물류 관리자 1명

某月某日
-운동회

공굴리기하는 데 공이 굴러가지 않고
제자리만 맴돈다
지도책을 꺼내놓고 위치 파악한다
갑자기 지구가 멈춰버린 거다
암흑천지
에너지 소비국에 알려 충전을 요청한다

사람도 저만치 제자리에 나무처럼 서 있다

某月某日
-술래잡기

아침엔 밤의 노래로
밤엔 아침의 노래로
술래잡기 놀이를 한다

친구와 동네 공원에서 만나기로 약속했지만
얼굴에 먼지만 뒤집어쓴 채
온종일 찾아도 찾지 못했다

몇 미터 두께의 먼지가 태양을 가렸기 때문이다

某月某日
-오줌 누기

찌이익
지퍼를 내린다
참았던 생리적 욕망을 내 뿜는다

오줌 줄기는
땅에 떨어지기도 전에
안개처럼 분산되거나
고드름이 된다

某月某日
-시인 회의詩人會議

지구를 살리기 위한 일환으로
세계의 시인들이 서울에 모였다

그들은, 바람의 형체가 사나워져 가고
색깔이 너무 다양하게 변하는 것에 대한
조사촉구를 관계기관에 알렸다

과거의 투명한 바람으로 되돌려 놓지 않으면
모두가 절필絶筆하겠다는 성명서도 채택했다

某月某日
-신혼여행

신혼여행을 간다
이들 중 몇 쌍의 신혼여행은
모두가 바람이나 구름을 이용하여
우주로 가는 것이다

그들은 그곳에서 임신해서 돌아와야
건강한 아기를 낳을 수 있다는
생각들이 지배적인 것 같다

某月某日
-모국어

국제결혼 때문에
모국어가 사라지고 있다

다문화 가정에서
언어 소통이 이루어지지 않아
가정별 소통 언어를 찾기 위해
국가에서는 새로운 언어창조를 위한
공청회를 개최할 예정이란다

某月某日
-노인

전체 나라의 인구 70% 이상이
70세 이상의 연령이란다

근로 인력이 터무니없이 모자라
대거 외국인 노동자가 90%를
차지하고 있다는 보고서가
충격을 주는 하루였다

신입사원 연령대도 4~50대로 껑충 뛰었다

某月某日
-결혼

결혼, 혼인 연령이 없어진 건가?
어제는 초대장이 왔는데
신랑 70세 신부가 65세란다

후손이 걱정된다
나라의 존립에 금이 가기 시작한다

某月某日
-가족

한집의 가족 구성 형태가 다양해지고 있다
그 먼 먼 먼 날에는 다부다처제
또 그 먼 먼 날에는 일처다부제
그 먼 날에는 일부다처제
얼마 전까지는 일부일처제

앞으로 전망되는 가족 구성은

이혼한 부모로 구성된 가족
동성 부모로 구성된 가족들이
집단가족(공동생활)의 형태가 출현되고 있다

某月某日
-패션

찜통더위
고급풍 차림의 사람들이
거리를 활보한다

이름만 옷이지, 참으로 희한하다
얼마 후엔 노 패션이 거리를 활보할까 봐
당국은 걱정이 태산이란다

신혼부부, 양갓집 부모님의 옷차림새도
모두가 똑같다

某月某日
-분양공고

화성에서 지구가 보이는
가장 경관 좋은 곳을
선착순 분양한다는 전단 살포에
새벽부터 북새통이다

인류의
우주로의 이동이 현실로 다가온 모양이다
주로 150세 이상 된 분들의 신청이
80% 이상이란다

某月某日
-벌초하기

추석 명절을 앞두고
90세 사람들이 선조들의 묘역을 가보지만
아무런 할 일이 없다

봉분도 없고
키가 장대만 한 나무가 조상의 묘라고
올려다보고만 있다

某月某日
-시장

꽃다운 꽃이 없다
반성과 후회 없는 자본만
모래 시장을 질주한다
죽음과 자살을 동시에
염가 판매한다

某月某日
-창고

은행 지점을 찾아
돈을 인출하려 했지만
헛수고였다

그 많던 은행이
모두 폐업이다
대신 돈을 모아두는
창고업으로 변했다

거래는 모두
핸드폰과 일반 가게에서
이루어지고 있다

낙향한 지가 너무 오래 되었나 보다

3부

某月某日
-원고청탁

영상 메모장에 원고청탁이 들어와 있었다
사이버 커피를 한 잔 마시고 글을 쓰기 위해
팔기 도구를 찾았으나 20세기에 사용했던 몽당연필 외에는
아무것도 찾을 수가 없었다
컴뮤니케이션*을 이용하였다
얼마 후 스웨덴 한림원에서 연락이 왔다
원고지 사용치 않으면 심사에서 자격 박탈이란다

이건 또 뭔 말!

*컴뮤니케이션: 컴퓨터와 커뮤니케이션의 합성어.

某月某日
-사업

20세기에 불치병으로 분류되었던 모든 질병이
유전자 치유법으로 치유될 수 있다는
아침 영상 메일 내용이다

쪽지란에는 최근 밀레니엄 사업으로
사람의 심리와 마음을 관리하는 사업이
최고의 부와 인기를 누릴 수 있다는 정보다

某月某日
-우주 교역 시대

10여 개의 우주 국가로부터 교역 신청이 쇄도
우주 교역 국장의 인터뷰 내용이 사이버 공간을
차지하고 있다
품목으로는 공기, 흙, 식수, 씨앗 그리고 우주 교역선

우주 정거장에선
로봇들의 축하 공연이 있다고 한다

某月某日
-신의 영역

컴퓨터가 신의 영역까지 침범하였다는 신고가 들어왔다
광학현미경을 들고 총출동한다

범죄자의 가당찮은 탐욕 찾기를 막을 방안을 마련하고 있다

某月某日
-귀향

소의 탄산가스 배출이 심하니
농촌에서는 외출을 자제하라는
환경연구소 발표다

농사일도 손에 안 잡히고
참으로 혼란한 하루다

귀향에 대한 회의를 절감하는 하루다

某月某日
-무지개

비가 오르고 있다
위로 치솟는 빗줄기에
무지개가 동승하고
그 색깔은
도저히 무슨 색인지 알 수 없어
컴퓨터에 댓글을 올렸더니
물방울이 되어 돌아왔다

某月某日
-가속도

지구온난화에 가속도가 붙었다
산천은 갈증으로 허덕이다
뜬금없이 쏟아붓는 폭우에
농작물은 찢기이고
예고 없이 찾아오는 태풍에
나무가 뿌리째 뽑혀 여기저기 고사목 천지다

요즘
모든 이상 현상에 가속도가 붙었다

某月某日
-석유에너지 고갈

세계 에너지국으로부터 몇 년 뒤에는
석유가 모두 땅속으로부터 증발할지도 모른다는
머리기사 뉴스로 세계가 시끄럽다
부자들과 과학자들은 모두 화성으로
이주 신청을 해 놓은 상태란 소문이 무성하다

시골 촌부들은
바람을 달래어 필요한 풍력을 만들고
태양열을 받아 모을 방안을 생각 중이란다

그러나
어느 세월에나 가능할지?라며 한탄한다

某月某日
-고기 잡기

평소보다 2~3시간 빨리 오는 밤
태양열 방출이 너무 많아 그렇다는 보도다

지구보존 연구소는 온실가스를 이용한
고기잡이 신기술 개발에
많은 투자를 해줄 것을 정부에 요청했다는 보도다

한량 낚시꾼들의 시위가 예상된다

某月某日
-주택

도시의 일반주택이 모두 사라졌다
하늘과 가까운 아파트 숲들마저
수명을 다하고 재건이 어렵다는 판단

사람들은
저마다 길거리 노숙자 신세가 되지 않을까?

某月某日
-소나무

오시오철
푸르던 소나무에도
형형 색깔의 단풍이 든다

참 오래 살고 볼 일이라는
150세 증조할머니의 말씀이시다

某月某日
-숲

지금까지의 숲의 형태가 아니다
많은 나무가
서서히 분재형태로 바뀌고 있다

환경의 재앙에 놀라 숲이 분노했나 보다

某月某日
-씨앗

기온으로 봐서는
봄인지 겨울인지 알 수 없지만
달력으로는 분명 3월이다
대지에 씨앗들이 눈을 뜨지 않고 있다

봄날, 보리밟기는
옛 추억의 그림자로 남을 뿐이다

某月某日
-환경호르몬

세계 각국의 연안이 소란스럽다
생식기가 축소되고
암수의 생식기가 바뀌어 생기거나
난소와 정소가 함께 있는
잉어가 발견됐다는 이야기는
벌써 오래전 이야기다

다이옥신 이외에도 비스페놀A 등
대략 300여 종의 화학물질이
환경호르몬 주범으로 의심받고 있다 하니

우리는 1992년 덴마크 연구결과를
되짚어 봐야 한다

*인간의 정자가 반으로 줄었다는 소름 끼쳤던 연구결과.

某月某日
-정말 이기적

빛과 어둠이 지루하게 교차하고
다시 복원하고 부수는 나날들
자연과 사람이 서로 시소 놀이를 하고
소음과 용감함이 입맞춤하고
전쟁과 땅따먹기에 불놀이에
현실이 뒤바뀌는 환상의 혼돈
지구의 영혼이 짊어진 마약 같은 하루하루
인간은 정말 이기적

某月某日
-지구를 바라보며

힘겹게
돌아가는 지구
기름칠해야 하나

남극의 얼음이 녹아
북극으로 흘러가는데
어느 곳에선
육지가 바다 되고 바다가 육지 되는
살아남은 자의 돛단배 한 척
태양이 이를 지키고 있네

某月某日
-비둘기

노아의 방주에서부터 지금까지
떠나지 않고
지구의 물가에서
과학의 배설물에 한 발을 잃고
외로이 서 있는 저 비둘기

4부

某月某日
-기원

인류의 가슴속
소망으로 숨어 있던
기원의 시작이다

후손들에게
생명과 꽃잎의 아름다움이
어디서부터 시작되고
세상이 어떤 마술의 꾐에 빠져
어떻게 변해가는가를 알려준다

생명이 표류했던 옛 지구는
유물로 신전에 보관할 예정

某月某日
-아이들의 웃음

아이들이 바닷가에 모였다
맑고 투명한 하늘의 별들이 축제하는지
지금껏 보지 못했던 우주의 별들이 다 보이고
아이들은 끝없는 광경을 향해 손을 들어
소리치며 춤을 춘다

바닷가의 조개들은 살이 쪄서
물놀이 하기 버겁다며 더 넓은 바다로 향하고
조개 속 진주는 맘 고운 주인을 기다린다

고깃배를 타고
어부는 만선 꿈꾸고
해안가 바람은 먹구름을 몰아내
태풍의 씨앗을 소멸시킨다

바닷가에
둥둥 떠다니는 아이들의 웃음만이
미래의 위대한 주인공이다

某月某日
-호랑나비

화폭 위에 그림을 그린다
사람들의 모습
주변의 풍경들 모두
원시 시대다

호랑나비가 화폭에 앉는다
화가를 대신해서
황홀한 서명을 한다

某月某日
-바람

갑자기
비가 내린다
바람이 비에게 말을 건다
“산성비를 언제 맞아 보았느냐?”
“너무 오래전에 맞아 보았으니 이름마저 생소하네”
“거참~ 좋은 대답인데”

산들바람은
오늘도
누운 꽃들 일으켜 세우느냐고 분주하다

某月某日
-꽃

꽃들이 잔치한다
숲속이건 길가건 향기 진동하고
어디서든 뿌리를 내리고 장을 차린다

빛나는 초록
터질 듯한 빨강
눈부신 노랑
긴 낮을 사랑하는 파랑

모두가 행복한
꿈들을 꾸고 있다
진정한 현실에서

某月某日
-사람

세월이 흘러도 주름이 없다
노인이 웃어도
장미꽃처럼 곱다

그들은
소리 내어
늙음을 탓하지 않는다

사람의
일생이
행복하기만 하다

某月某日
-동행

밀림이 우거지고
밤길이
무서워진 건 사실이나 별이 안내한다

세계 지도의 숲이
무성하여
사람이 보이지 않는다

사람과
동물이
동행하고 있다

某月某日
-새

깃털이 현란한 새들이
나뭇가지에 앉아
태양을 향해 노래한다

어둠이 내리는 밤이오면
고요한 달을 향해
어미 품속처럼 날아든다

某月某日
-호수 속의 햇빛

해 질 녘
한 줌 햇빛이
수만 가지 색깔로
호수 속에 낮은 음계 그리며
수면 깊이 깃을 내린다

그들을
묵묵히 끌어안은 호수는
무지갯빛이다

某月某日
-웃음

즐거운 웃음으로
암이 치유된다는 학회의 보고다
지구의 환경이 바뀌고 보니
암세포의 성질이 바뀌었나 보다
참으로 오랜 인내와 노력의 결과다

미소 바이러스로
지구상에서
욕망이라는 단어가 사라졌다

某月某日
-섬

베트남 하롱베이 삼천여 개의 섬이
서로 간격을 좁히고 있다
우리나라 서해의 섬도 마찬가지 현상이란다

푸른 눈빛의 섬들이
세계 곳곳의 항만으로 모여들고 있다

섬이 지구가 되고
본시 지구는 바다가 된다

某月某日

-생물

검게 변한 바다가
시름시름 앓고 있다
욕망의 나뭇가지마다엔
거짓의 바람이 속삭인다
뼈 없는 말과
발아되지 않는 씨앗으로
종잡을 수 없이 미혹한다

죽은 바다는 살기 위해
기형의 생물이라도 출생한다

某月某日
-한국형 인공태양(kstar)

한국형 인공태양의 온도는 1억 ℃
태양보다 7배나 뜨겁다는 연구 결과다
온도 유지는 30초로 세계 최고이었다

방사성 폐기물과 폭발 위험도 없다 한다
지구의 본시 생태계가 복원될 전망이다

2100년 6월 오늘
플라즈마 온도 유지가 무한대라는
결과가 나왔다는 보도다

2천 년 전으로 지구를 돌려놓겠다는
대선 공약이 최고로 뜨고 있다

某月某日
-지구

열정의 그대
도는 피 붉고
그대 눈 푸르다

창 앞 나팔꽃
밤이 되면 반딧불이로 피어나
땅과 허공에 반짝인다

바람이
미소 먼지 일으키며
은피리를 불고 있다

당신이
주는 행복에
사람은 그대의 포로가 되었다

某月某日

-파랑새를 찾아서

녹색별이 인간들에게 말을 걸기 시작했다

인간들이 지구에 무슨 짓을 하였기에
지구의 몸이 저토록 함몰되어 있었는지를

아주 늦은 밤이지만
엊그제 돌아온 파랑새를 찾아가
복원된 지구 이야기와

그동안 어디에서 편히 있었는지
물어봐야겠다

某月某日
-나비효과

중국으로부터
황사가 몰려온다
모든 국민은
잠시 일손을 놓고 손바닥을 펴서
중국 쪽으로 힘을 모으란다
나비효과란다

모두
위아압!~~~~~압압!!!

某月某日
-최후의 심판

희망의 지구
우리가 더 늙기 전에
더 많이 사랑해야만 하는 진실

우리는 날마다
독주를 마시고 비틀대다
혜성과 부딪쳐 불기둥이 지구를 삼키기 전

우리가 더 많이 사랑해야만 하는 진실
타원형 지구를 돌려가며
환경 살리기 씨 밭 일구기이다

5부 치유의 시편

某月某日
-황금달팽이

예전 숲길이 아닌
딱딱한 길을 가고 있던
그대들이여

잠시 쉬어, 들어보라
이 세상에
나 같은 슬픔 지닌 자
어디에 있었겠는가?

땅 마르고 숲 멍들고
풀잎 시들어
나무 없는 숲속엔
숨마저 쉴 수 없는
나를 불쌍히 여겼으리라

세상 공적 하나 없는 사람들
이젠 자신을 후회하며

자연사랑 유달리 깊어져
생명이 살 수 있는 자리에
날 앉혀놓고
부러운 팔자 만드는데,

등 뒤에서 들리는 안도의 속삭임

"어찌 이처럼 아름다운 황금빛일까?"

某月某日
-바람 소리

세상이 속삭이듯
그대도 또한 속삭이는가
그대는 들리는가
저 순전한 바람소리와
세상이 치유되는
벅찬 환희의 소리들

그대들
순수했던 마음
등불 삼아 어둠 속에서
밖으로, 밖으로 나올지어다

지금도 겁먹고 떠돌던
나의 생기,
쫓기고 쫓겨도 겁 없이 흔들어줄
오래전 울창한 숲

그 나뭇가지만 있다면
그 생명을 지켜줄 힘만 있다면

이 땅에 머물러 있는
혼자살이
도망 다니는 소리라도
기분은 좋지 않겠는가?

某月某日
-풀꽃

눈물을 닦으세요
아름다운 풀꽃이여

그대가 우는 근심의 연유를 알았어요
초조한 마음에 비는 내리지 않고
막 피어오르는 꽃 봉우리에
여름날 우박이 쏟아졌으니
얼마나 아플까를 생각해 봤어요

들어보셔요
모든 자연과 생명은
적당한 물과 햇빛과 바람이
때때로 풀꽃에 내려앉기를
바란답니다

某月某日
-어머니께 기별

멀리 금강이 내려 보이는
조그만 고향 언덕에 앉아
어머니께 이 편지를 쓴다

상수가 훨씬 넘으신
어머니께 보내드릴
풍성한 꽃다발에
입 맞추었다

잃었던 향기가 돌아왔고
찐득거리던 환경변화 물질에
어찌할 줄 모르던
저녁노을마저
붉은 가슴으로 끼어드니

문득 떠오르는 어머니
그 모습과 미소를
생명의 눈에 그려본다

某月某日
-청제비 노래

삼월 삼짇날
저기 청제비
바다 저쪽 고요한 나라에서
좋은 기별 갖고 찾아왔네

봄날에 피어난
어린 꽃향기는
세상이 바뀌었다고
덩달아 하늘로 피어오르네

사람이 세상을 잘 가꾸었다고
나무를 심어 숲을 이루었다고
생명이 다시 살아났다고
두둥실 두둥실

춤추는 삼월이 왔다고
늘어진 가지 수풀 헤치고

청제비 날아와
서로서로 흥겨워
사랑을 노래하네
생명을 노래하네

某月某日
-오이꽃

노랗게 노랗게 얼굴 내민
오이꽃
언덕이나 앞마당에 잔치벌려
세상을 휘감아 도는
그대 때문에

늦봄이 맨발로 달려 나와
오늘은 산과 들에
시집가는 색시인냥
물기슭에 반짝인다

생명이 다시 돌아왔다고
숲 그늘에는 콩새가
하늘 한복판엔 노고지리가
바람의 언덕엔 오이꽃이
향기로 지나간다

某月某日
-파도

짙푸른 바다에
파도가 하얗게 목욕을 한다

지구의 온도가 정상으로 돌아오고
사람들의 기술도 친환경으로 돌아왔다

바다 깊이 나부끼는 해초에는
이름 모를 물고기 알들 부화하고
강철로 만든 뱃머리는 사라진 지 이미 오래다

온종일
동굴밖에 핀 꽃송이가
파도의 일광욕을 즐긴다

某月某日
-초록

초록을 그리는
아름다운 지구여
너에게 안기면
가슴 답답했던 시절
이젠 그 기억 사라지고

지금은 격렬한 생명을
너의 등에 올려놓는 새벽
나의 손가락을
음악적으로 움직이게 한다

초록 너희들 때문에
이렇게 아름다운 지구가
다시 빛을 발하여
더없이 기쁘다

某月某日
-소리

나는 이제 듣는다
밤이 새도록
내가 풀밭 위에 잠잘 때
나는 들을 수 있다
별빛이 쏟아지는
청정한 정적靜寂 속에
또르르 또르르
똑
  똑
맑은 물 떨어지는 소리
늘, 가까운 듯 멀고
먼 듯 가까운
그칠 줄 모르고 떨어지는
자연의 부활
생명이 노래하는 소리
밤이 새도록

나는 편안하게 듣는다

某月某日
-자연과 생명

산 위에
길 위에
들판 위에
푸른 바다 위에
사람들 거리 위에
서로 기쁘게 춤추는 눈이 내린다

저 하늘 끝없이
하얗게 내려오다가
이윽고
나무 가지가지에
하이얀 꽃을 피우고
그 가지 위에서 잠이 든다

적막 속에
나는 기억으로 소생蘇生 되어
치유된 숲속 달빛을 앞세워

과거에 사라진 사람의 사랑을
생각한다

봄 여름 가을과 겨울이 뚜렷했던
그 시절
자연과 사랑을

평설

모월모일某月某日의 미래 현상을 예견한다

– 소중한 생명을 향한 절실한 구가歐歌 –

이 정 미(문학평론가)

모월모일某月某日의 미래 현상을 예견한다

- 소중한 생명을 향한 절실한 구가歐歌 -

이 정 미(문학평론가)

1 녹색환경의 위기를 말하다

김경수 시인의 '신新 환경 옴니버스 시집' 『황금달팽이의 모월모일』은 청정지역에서만 산다는 황금달팽이를 시적 화자로 불러드려 '생명 사랑'을 일관된 테마로 해서 시적 세계를 펼친, 시인의 독특한 관찰력의 소산물이다.

시집에 수록된 80편의 시들은 한결같이 인간의 이기주의와 무분별한 욕망으로 자연의 순수성이 상실된 주변 환경을 섬세하게 살펴 우리가 사는 세상 이야기를 다양한 소재를 중심으로 시적 전개를 했다. 우리가 반드시 짚고 넘어가야 할 일상의 면모를 재치와 위트를 겸비한 상상력이 담긴 세계관으로 풀어 놓고 있다. 동시에 자본주의와 산업화 영향으로 상승한 인간 욕망이 초래한 다소 위협적이고 심각한 생태환경 실태를 고발하고 있다. 생태란, 모든 생물이 각각 처해 있는 환경 조건에 따라 적응하며 생존해가는 모습을 말한다. 환경은 생존하는 생물에게 영향을 주는 모든 여건과 상황을 말한다. 이 시집은 1990년대부터 시작된 생태주의 문학의 모습이 시인의 관찰, 사유, 경험을 토대로 나타나고 있다.

시집에서는 환경문제가 안겨주는 다양한 시적 상상력과 사유를 80편의 연작 시리즈로 풀어 놓는 구성을 취하고 있다. 전체 시들은 대부분 길지 않은 분량으로, 생명 사랑과 그 복원이라는 시집 전체의 주제를 담은 옴니버스 구성을 이루고 있다. 시들을 생태환경이란 관점에 따라 감상하다 보면 과거·현재·미래의 인간 삶이 연결되어 있어 인간과 자연이 하나임을 깨닫게 해주는 서정시의 본질을 발견하게 된다. 생태환경을 주제로 한 대부분 서정시에서는 물아일체의 경지에서, 자연 그리고 인간의 생존을 둘러싼 모든 환경을 인간의 생각과 정서를 이입한 의인법으로 표현하고 있다.

시들은 단상斷想 형식으로 생각할 거리를 무한대로 제시하고 있다. 시는 짧아도 그 속에는 반짝이는 착상이 들어 있다. 80편의 시는 모두 생태환경에 대한 제각각

고뇌가 들어있기에, 쉽게 페이지를 넘기지 못하고 생각에 잠기게 한다. 감상하다 보면, 바람결에 스치는가 했더니 날카로운 대꼬챙이에 찔린 것처럼 오래도록 여운이 남기도 한다.

'모월모일某月某日'은 각 시의 일관된 제목인데, 말 그대로 특정한 시간성을 의식한 것은 아니다. 언제 어디에서나 눈에 들어오는 대로 생각이 난 대로 시적 사유와 상상력을 전개한 것이다. 그 내용은 생태환경의 폐해와 자연재앙으로 요약할 수 있다. 구체적으론 그간 매스컴을 통해 늘 접했던 기후변화, 엘니뇨 현상, 지구온난화, 온실가스 배출, 공기 오염, 오존 주의, 산성비, 집중 호우, 가뭄, 지구의 지각변동, 탄산가스 배출, 환경호르몬, 석유 에너지 고갈 등 제반 환경문제와 그로 인한 우리 삶의 모습이다. 특히 동물 서식지의 위기로 인간과 동물이 어울려 살지 못하는 생명 윤리가 파괴되는 현장을 비롯해서 인간복제, 인공지능, 고령화 사회, 다문화 가정 등의 사회 현실까지 짚어보고 있다.

우주 만물인 인간이 잘살아가기 위해서 지구환경이 왜 잘 보존되어야 하는지를 시적 사유로 삼고 있는데, 이는 곧 생명을 존중하며 살리고자 하는 의식이다. 이러한 주제 의식을 강조하기 위하여 다양한 소재를 중심으로 시적 형상화를 이룬 콘텐츠로 일관하고 있다.

2 기후변화와 지구 온난화를 고발한다

기후변화로 인한 인류의 환경변화가 초래한 위험성을 보여주는 주제 의식으로 엮은 작품들을 살펴본다. 우주 만물의 순환구조가 뒤죽박죽 상태가 되니 결국 혼돈 상태를 초래하여 인간 삶이 피폐화되어 가고 있음을 고발하고 있다.

> 날씨는 엘리뇨 현상으로/토네이도와 태풍의 위력을 예측할 수 없다/작년, 이상 현상으로 곡물 생산이 나빠/세계인구 절반이 기아에 허덕인단다/연일 위성에서 날아드는 정보는/과거 환경을 가꾸고 돌보지 못한 것에 대한/UN청문회를 열어야 한다는 얘기다/베트남은 뎅기열로 난리고/남미는 호우가 빈발하고/인도네시아는 가뭄과 산불에 시달리고 있다는 특보/아마존의 산림파괴에 브라질 산림청은/브라질명성을 더럽혔다고 한다/자연은 인간에게 아낌없이 주는 것만이 아니니/이제 인간이 자연을 숭배해야 할 정도라고/사람들은 다소 흥분된 어조로 목소리를 높인다.
>
> -「某月某日-엘리뇨 현상」 전문

엘리뇨 현상이란 태평양의 해수 온도가 비정상적으로

높아지는 기이한 현상이다. 시는 지구의 대기에 각종 이상 요소가 몰아쳐 인간 삶에 위기를 가져오고 있음을 적나라하게 보여주고 있다. 온 세상은 이 어그러진 온난화 현상으로 태풍의 위력이 더욱 강해지고 막대한 손해를 입게 된다. 기후 이변으로 인한 농산물 공급의 불안정성, 기아 현상, 가격 폭등 등으로 거의 모든 산업과 경제활동에 지장을 초래하고 의식주 문제까지 영향을 끼치고 있음을 인식하고 지구환경 보존의 중요성을 역설하고 있다.

> E-메일 긴급 타전 오전 10시다/북극과 남극 빙하가 80% 녹아 해면 수위가 갑자기 높아지니/섬 나라는 모두 대피!…타전 끊김//몇 달 후/물갈퀴 모양의 한국 지도가 불티나게 팔렸다.
>
> -「某月某日-지각변동」 전문

지각변동의 무지막지한 변모 현상을 고발하고 있다. 100년 사이에 지구 평균 기온이 5℃ 상승하면 해수면은 30~40센티 상승할 것으로 예상한다고 한다. 지각변동은 급격하게 혹은 완만하게 이루어지는 움직임이다. 현재도 지각변동은 진행되고 있다고 한다. 지각변동의 증가로 화산 폭발이나 입에 올리기도 끔찍한 지진으로 인한 지구 궤멸 현상을 오늘날에도 목도하고 있다. 타전打電, 전송電送이

끊긴 현상, 지형의 변모 등의 끔찍한 상상이 두려울 정도이다.

> 남극과 북극의 얼음산이 급속도로 낮아진다는 보고다/섬나라는 대륙으로의 진출이 점쳐지고/대륙은 우주로의 이동이 시작될지도 모를 일이다//달나라로 가기 위해/선녀의 날개옷을 찾아야 할 모양이다.
>
> -「某月某日-얼음산의 변화」 전문

기후변화로 인해서 남극과 북극의 얼음산이 낮아지면 어떻게 되겠는가? 얼음산은 얼음산으로서의 존재감이 있어야 한다. 그런데 얼음산이 녹아내리면 결국 섬나라는 대륙으로 이동해야만 할 것이라는 논리이다. 최첨단 우주시대에 선녀의 날개옷을 찾아야 할 것이라는 우습지만 슬픈 세상을 연출하는 것에서 시인의 위트와 상상력이 드러난다.

> 오존 주의보 사이렌이 울렸다/나무 그늘이 사라진/농촌의 들녘과 도시의 거리엔/사람을 구경할 수 없다/집집이 시간의 커튼이 내려져 있다/북쪽으로 향하던 뜬구름도 암울하게 흩어졌다/아주 오랫동안.
>
> -「某月某日-오존 주의보」 전문

> 찌이익/지퍼를 내린다/참았던 생리적 욕망을 내 뿜는다//오줌 줄기는/땅에 떨어지기도 전에/안개처럼 분산되거나/고드름이 된다.
>
> -「某月某日-오줌 누기」 전문

인간의 가장 기본적 생리 행위를 통하여 자연의 역류 현상을 지적한 작품이다. 기후변화로 인하여 소변이 배설되자마자 안개처럼 분산하거나 얼어붙어서 고드름이 되는 현상은 현재로는 도저히 상상할 수 없다. 그러나 지구변화는 그 어떤 현상도 상상을 가능케 하고 있다는 것을 보여준 것이 기발한 발상이다. 자연현상의 역류성 변모를 말하고자 한, 시인의 의도와 그 상상력을 읽을 수 있다.

> 지구온난화에 가속도가 붙었다/산천은 갈증으로 허덕이다/뜬금없이 쏟아붓는 폭우에/농작물은 찢기이고/예고 없이 찾아오는 태풍에/나무가 뿌리째 뽑혀 여기저기 고사목 천지다//요즘/모든 이상 현상에 가속도가 붙었다.
>
> -「某月某日-가속도」 전문

지구 온난화는 과도한 화석 연료 사용과 무분별한 산림 벌채로 대기 중 온실가스 농도가 상승해서 지구의 평균 기온이 상승한 현상이다. 해수면 상승, 이상 기온, 지진 등의 원인이 된다. 결국 기후변화, 자연재해 등 인류 생활의 위협을 초래한다. 시에서 말하듯이, 결단코 지구 온난화에 가속도가 붙어서는 안 될 것이다. 이 현상에 대한 시인의 염려가 드러나고 있다.

> 평소보다 2~3시간 빨리 오는 밤/태양열 방출이 너무 많아 그렇다는 보도다//지구보존 연구소는 온실가스를 이용한/고기잡이 신기술 개발에/ 많은 투자를 해줄 것을 정부에 요청했다는 보도다//한량 낚시꾼들의 시위가 예상된다.
>
> -「某月某日-고기잡이」 전문

평소보다 밤이 두세 시간 앞당겨 온다면 온 우주의 질서는 하루아침에 무너지고 말 것이다. 인류 활동과 그 움직임에 커다란 변화를 초래할 것이다. 온실가스를 이용해 고기잡이 신기술 개발에 투자를 요청하니, 오죽하면 한량 낚시꾼이 시위까지 하겠는가. 이는 물론 작가의 상상력이다. 이런 이변은 태양열 방출과 환경 파괴가 그 원인이다. 밤과 낮은 공평히 돌아가야 한다. 해 뜨면 일하고 해가 지면 잠자리에 들며 휴식을 취하는 안락한 인류의 생체 리듬에 이미 길들여 있는 일상이 침해받고 싶지 않은 것이다. 이것은 시인의 개인적 염원으로 공익성을 품고 있다.

> 기온으로 봐서는/봄인지 겨울인지 알 수 없지만/달력으로는 분명 3월이다/대지에 씨앗들이 눈을 뜨지 않고 있다//봄날, 보리밟기는/옛 추억의 그림자로 남을 뿐이다.
>
> –「某月某日–씨앗」 전문

보리밟기는 절기상으로는 1월 말부터 2월 중순 언저리까지 행해오던 우리의 농사행위이다. 그런데 3월이 되어서도 씨앗들이 눈을 뜨지 않고 있다니, 보리밟기는 기대할 수 없게 되었다. 이 현상은 자연현상을 서서히 어그러뜨리는 조짐이 될 수 있다. 이 현상의 원인은 기후변화에 있다. 시에선 한결같이 사실을 그대로 제시하고 있지만, 근심과 염려가 담긴 시인의 정서를 읽을 수 있다. 기후변화에 대한 적절한 대응을 통하여 물리적으로라도 환경조절이 절대적으로 필요함을 독자에게 환기하고 있다.

> 세계 각국의 연안이 소란스럽다/생식기가 축소되고/암수의 생식기가 바뀌어 생기거나/난소와 정소가 함께 있는/잉어가 발견됐다는 이야기는/벌써 오래전 이야기다//다이옥신 이

> 외에도 비스페놀A 등/대략 300여 종의 화학물질이/환경호르몬 주범으로 의심받고 있다 //우리는 1992년 덴마크 연구 결과를/ 되짚어 봐야 한다.
>
> -「某月某日-환경호르몬」 전문

인간의 정자가 반으로 줄었다든지 생식기가 뒤바뀌었다든지 하는 소름이 끼치는 연구 결과를 접하고는 망연자실할 뿐이다. 이름도 생소한 다양한 화학물질들로 인해 세계 각국의 물고기들의 생태가 상상할 수 없을 정도로 임계臨界 수치를 넘어 파멸의 경지로 가고 있는 것을 연구 결과로 보여주고 있다. 이러한 현상은 인간 생활에까지 영향을 끼칠 것이다. 환경호르몬으로 빚어진 이 상황을 어찌 타개해 나갈 것인지 아득하다.

시집의 1, 2부 시들에서는 기후변화, 지각변동, 지구온난화 현상 등이 얼마나 끔찍한 재앙을 초래하는지 도처에서 발생할 수 있는 다양한 예증을 그대로 담은 사실을 제시하고 있다.

대부분 생태주의 시들이 그렇듯, 시적 화자의 직접적 반응에 앞서 사실의 제시만으로 강한 메시지를 주고 있다. 그런가 하면 「某月某日-운동회」에선 지구가 멈춰 공이 굴러가지 않다는 환경비판의 내용에 이어서 '사람도

저만치 제자리에 나무처럼 서 있다'라는 끝 행에선 서정성을 다분히 지니고 있다. 「某月某日-술래잡기」에서는 아침엔 밤의 노래를 부르고 밤에는 아침의 노래로 술래잡기 한다고 했다. 그러다가 '몇 미터 두께의 먼지가 태양을 가렸기 때문'에 서로 친구를 동네 공원에서 찾지 못했다고 한다. 이처럼 일부 시에서는 비판적 내용을 서정적 어조로 나타내고 있다.

3 다양한 환경 변이의 요소들

사람에게는 모든 생물이 살아가기 위한 최적의 환경을 마련해 주고 지켜주어야 하며, 후손들이 가장 최적의 환경에서 살아갈 수 있도록 자연과 환경을 가꾸는 책무가 있다. 보존이냐, 파괴냐의 갈림길에서 늘 인간을 위한 행위에 초점을 두어야 할 것이다. 우리의 생존을 지켜주고 영위해 주는 필수 요소인 자연과 환경의 중요성을 인식해야만 한다. 우리가 생활해 나가는 데 절대적이며 필수 요소인 맑은 공기와 물과 햇빛은 식량을 만들어 주는 기본 요소이다. 그런데 다양한 요인들로 인해 우리 주변 환경이 바뀌고 있는 것이 과연 인간을 위한 것인지 의아

심을 갖지 않을 수 없다. 외형적인 변화뿐만 아니라 사회학적인 다양한 변화 요소들도 이제는 외면할 수 없는 시 대상이 되었다.

> 아침 6시에 잠에서 깨어나자/TV 머리기사가 나왔다/모든 발전소가 폐쇄되고/그곳에 사이버 전력 시설이 착공될 예정이란다//물살을 가르고 고향을 찾는/잉어 떼가 웅성거리는 모습이 그려지는 아침이다
>
> -「某月某日-환경찾기」 전문

이 시는 환경을 찾는다는 제목에서 느껴지듯이 환경의 위기를 고발하고 있다. 온갖 매체에서 발전소에 관한 기사를 다양하게 조명하고 다루고 있다. 전기를 공급하는 발전소의 역할은 매우 중요하다. 수력, 화력, 원자력, 풍력, 태양광 등 여러 가지 방법으로 전기를 만들어 오던 종래의 방식에서 또 다른 형태의 사이버 전력 시설을 만들기 위하여 착공한다는 소식이 들려온다는 것이다. 그것이 과연 온전한 환경보존을 위한 행위인가에 대한 우려를 표현하고 있다. 또한 양질의 인간 삶을 위한 행위인가 생각해 볼 때, 그것은 그렇지 않다며 잉어 떼들이 웅성거리며 마치 인간들의 집회 시위 현장을 연출하고 있다. 평화롭게 물살을 가르며 고향을 찾는 잉어 떼가 사라

지는 것은 잉어들이 터전을 잃게 되는 것이며 결국 인간의 모습이기도 하다. 그런 점에서 이 시는 맑은 자연환경 속에서 손으로 음식을 만들어 먹던 시절의 향수를 솟구치게 한다. 이처럼 인간이 자연과 경계를 설정하지 않고 같은 범위에서 살아가는 이상향을 그리는 것이 생태환경을 주제로 한 서정시의 보편적 내용이다.

> 앞으로/지구의 인구가 100억을 넘을 예상이란다/이들이 배출한 탄산가스는 지구의 큰 위협이 아닐 수 없다//나라마다 식품 회사에 전갈을 보낸다/탄산가스가 발생하지 않는 음식 만드는 일에 전력투구하라고!//라벤더 향기 하나만으로도 배부를 세상을 꿈꾸며
>
> -「某月某日-향기로 배부를 세상을」 전문

나라마다 인구에 대한 사정이 다르다. 우리나라처럼 인구가 줄어서 걱정인 나라가 있는가 하면, 중국이나 인도처럼 인구가 계속 늘어나는 나라도 있다. 현재 70억 대의 지구상 인구가 100억 대가 되었을 때를 시인은 상상해 보고 있다. 팽창하는 인구로 인한 탄산가스 배설량은 무한대일 것이며, 탄산가스는 결국 인간 삶을 피폐화시키는 주요 인자로 작용하게 될 것이다. 사람들이 배설

해 낼 탄산가스 발생을 없앨 수 있는 식품을 연구하라니, 그것이 상식적으로 어렵다는 것을 인지하고 있다. 그런데도 향기만으로도 배가 든든히 채워질 수 있는 꿈같은 이야기를 상상하고 있다. 이는 시인만의 예지력이다. 논리적으로는 불가능하여도 예술적 상상력으로는 가능하다는 것에 이 시의 마력이 있다.

> 서둘러 고향에 들렀다/경계선을 찾았다 싶었는데/어두운 고백으로 끝나고 말았다//갑자기 몰려오는 안개 바람에/전원풍경이 사라졌다/더는 발길을 옮길 수 없다//갈 그곳이 없다
>
> –「某月某日–봄」 전문

이 시는 정지용의 시 「고향」처럼, 고향에 돌아와도 그리던 고향이 아니며 산 꿩과 뻐꾸기 소리를 들을 수 없다는 내용이 연상된다. 우리나라는 뚜렷한 사계가 있어서 아름다운 금수강산인 점을 자랑으로 여겨 왔다. 그러던 것이 언제부터인가 기후변화로 인해 스멀스멀 그 경계선이 무너져 가고 있다. 안개 바람은 기후변화를 말한다. '빼앗긴 들에도 봄은 오는가?'라는 탄식처럼, 고향에 전원이 없어졌으니 더는 찾아갈 곳이 없으며, 잃어버린 봄 역시 찾을 길이 없다는 현실을 직시하고 있다.

소의 탄산가스 배출이 심하니/농촌에서는 외출을 자제하라는/환경연구소 발표다//농사일도 손에 안 잡히고/참으로 혼란한 하루다//귀향에 대한 회의를 절감하는 하루다

-「某月某日-귀향」 전문

이 시 역시 「某月某日-봄」처럼 고향다운 고향을 실감할 수 없다는 탄식이 그대로 나와 있다. 「某月某日-귀향」에선, 귀향한들 코로나-19 시대처럼 외출이 조심스럽고 농사일이 손에 잡히지 못한 상황이기 때문이다. 소가 내뿜는 탄산가스로 인해 끝내는 생존이 위협받게 되어 혼란한 하루하루를 살아가야 하는 현실 앞에서 평화를 안겨줄 것 같은 귀향을 망설이게 만드는 상황을 지적하고 있다.

이른 아침에 애마르다 영상 편지를 읽었다/국제간 인간 복제 범죄 집단이 대규모 적발되어/우주 공간 감옥행 신세가 되었고/UN에서는 긴급 총회를 열어 이를 금지하는 결의안 채택/지구상에서 영원히 추방키로 했다는 내용이다//고귀한 인간/더는 신의 영역이 아닌가 보다

-「某月某日-새로운 인간 탄생」 전문

애마르다는 '초조하고 안타까워한다'는 뜻인데 이른 아침에 읽는 영상 편지의 분위기를 짐작하게 하는 시어

이다. '애마르다 영상'은 유성음인 모음의 연결로 부드러운 시어를 창조한 것으로 볼 수 있다. 제목 '새로운 인간 탄생'은 다소 미사여구와 같은 표현이지만, 시 본문에 나온 '인간 복제'를 뜻한다. 인간 복제는 그간 계속 문제 제기가 되어왔다. 인간 복제의 개념을 어떻게 해석할 것인가? 생명 탄생은 실로 설명할 수 없는 신의 영역이 아닌가 싶다. 그런 의미에서 인간 복제는 어떤 형태로든 금지되어야 할 사항이다. 건전한 생명 윤리 문화에 어긋나는 행위이기 때문이다. 인간의 도전 역사가 진화를 거듭한 나머지 접근해서는 안 되는 신의 영역까지 도전한 것이다. 시에서 인간 복제를 '범죄 집단'으로 표현한 이상, 지구 생태 구조와 환경에 악영향을 준다는 것은 분명하다. '고귀한 인간'이란 인위적으로 복제된 인간을 반어적으로 표현한 것이다. 한편으론 신의 은총을 저버린 범죄 집단을 반어적으로 표현한 것으로도 볼 수 있다.

> 큰아들이 취직했단다/회사주소: http//www.hunter.co.ko.hh/장소: 20세기에 사용하던 공부방/공장: 공장 자동화 컴퓨터 로봇 시스템으로 운영/현장 노동 인력 물류 관리자 1명
>
> -「某月某日-노동소멸」 전문

코로나 시대를 거치면서 재택근무 형태로 바뀐 것이 연상되는 시이다. 취직한 자녀 세대가 이제는 로봇으로 기계화된 근무환경에서 일하게 되었다. 말이 취직이지 실은 실직 사태를 말하고 있다. 인간이 신체의 힘으로 근무해서 보상받고 유지하는 것까지 위협을 받는 시대가 되었기 때문이다. 인간의 노동력을 대신해서 그 자리에 기계가 들어와 있으니 큰 회사의 모든 시스템을 관리할 인력은 오로지 한 사람뿐이라는 것이다. 로봇이 운영한다 해도 그 로봇을 조종하는 주체는 인간이다. 그래도 과학의 발달과 지나친 자동화로 인간은 대량으로 일자리를 잃게 되었다. 로봇이 운영하고 한 명의 관리자가 있는 회사가 과연 인간을 위한 기관인가에 대한 회의감과 인간 노동력의 상실감을 지적하고 있다. 로봇의 인공지능은 인간의 고유한 감정과 도덕적 양심까지는 기대할 수는 없기 때문이다.

> 국제결혼 때문에/모국어가 사라지고 있다//다문화 가정에서/언어 소통이 이루어지지 않아/가정별 소통 언어를 찾기 위해/국가에서는 새로운 언어창조를 위한/공청회를 개최할 예정이란다
>
> -「某月某日-모국어」 전문

이제는 옆집 가듯이 세계가 울타리가 된 글로벌 지구촌 시대에 살고 있다. 국제결혼 또한 필연적으로 대두되는 문제이다. 모국어의 개념이 흐려질 수밖에 없다. 모든 다문화 가정마다 제3의 언어를 창출해야만 의사소통이 원활해질 수 있는 가정 형편이 되고 만 것이다. 외국인 노동자의 대거 유입과 동남아 여성과의 국제결혼이 다문화 가정을 성립하고 있다. 이 시는 다문화 가정의 의사소통 애환을 다루고 있다. 다문화 가정으로 인해 단일 민족의 정통성을 고수하는 시대는 바뀐 지 오래다. 이 문제는 비단 한 가정에 국한되는 것이 아니라서 공청회라도 열어 보겠다는 것인데, 과연 해법이 찾아질지 미지수다. 지구촌 삶에 노출된 부정적 현실을 보여주고 있다.

> 전체 나라의 인구 70% 이상이/70세 이상의 연령이란다//근로 인력이 터무니없이 모자라/대거 외국인 노동자가 90%를/차지하고 있다는 보고서가/충격을 주는 하루였다//신입사원 연령대도 4~50대로 껑충 뛰었다
>
> -「某月某日-노인」 전문

생활환경은 시대의 흐름에 따라 달라질 수밖에 없다. 그중 한 예로 인구 고령층에 직면한 사태를 말하고 있다. 그 결과 국내 노동력 인구는 감소 되고 젊은 외국인 노동

자가 90%에 달하고 있다. 고령화 사회에 국가가 부담해야 할 복지 혜택은 하염없이 늘어나고 있다. 취업할 수 있는 준비 기간도 길어져서 4~50대가 신입사원으로 입사하는 웃지 못할 슬픈 시대가 오고 있다는 현상은 일종의 재앙이다. 이 시에서는 고령화 사회를 시대의 발전상이 아니라 역류하는 퇴보 현상으로 보면서 그에 따른 문제점을 제기하고 있다.

> 결혼, 결혼 연령이 없어진 건가?/어제는 초대장이 왔는데/신랑 70세 신부가 65세란다//후손이 걱정된다/나라의 존립에 금이 가기 시작한다
>
> -「某月某日-결혼」 전문

자연의 이치에 따른 인간 생활의 순환구조가 파괴되어서 결혼 적령기라는 말이 없어진 지도 오래다. 평균수명으로 볼 때 인생 소멸기인 70대에 결혼하는 일은 앞으로는 종종 현실이 되고 말 것이라는 사회 변화상을 말하고 있다. 생리적으로 출산은 되지 않을 것이고 결국 인구가 생산되지 않아 끝내는 나라 존립 문제에 위기를 초래할 수 있다는 심각한 문제점을 제기하고 있다. 그런데 이런 발상은 지극히 부정적 상상력이다.

> 한집의 가족 구성 형태가 다양해지고 있다/그 먼 먼 먼 날에는 다부다처제/또 그 먼 먼 날에는 다부일처제/그 먼 날에는 일부다처제/얼마 전까지는 일부일처제//앞으로 전망되는 가족 구성은//이혼한 부모로 구성된 가족/동성 부모로 구성된 가족들이/집단가족(공동생활)의 형태가 출현 되고 있다
>
> -「某月某日-가족」 전문

「某月某日-모국어」에서는 언어의 다양성으로 인해 가족 간의 소통 부재 현상까지 이어지고 있음을 말했다면, 이 시에서는 가족 구성원 관계의 변모를 말하고 있다. 오늘날 비교적 합리적이고 자연스럽고 문제 되지 않는 일부일처제로 자리 잡았지만, 앞날에는 그것도 장담할 길이 없다. 물론 각국의 혼인 풍속이 다르기는 하지만 앞으로 가족 구성 형태는 무한히 다양해질 것이며, 그 흐름은 누구도 막을 길이 없다. 자연의 순수 이치란 무엇인가를 생각하게 한다.

> 찜통더위/고급풍 차림의 사람들이/거리를 활보한다//이름만 옷이지, 참으로 희한하다/얼마 후엔 노 패션이 거리를 활보할까 봐/당국은 걱정이 태산이란다//신혼부부, 양가집 부모님의 옷차림새도/모두가 똑같다
>
> -「某月某日-패션」 전문

패션은 일종의 유행이다. 유행이란 개념 앞에선 전통

은 이미 사라진 지 오래다. 그저 옷이라고 하여 가까스로 몸만 가리는 형식이 패션이라는 이름으로 활보하고 있는 현상을 시인은 지적하고 있다. 패션 앞에선 예의염치는 멀리 사라졌다. 귀에 걸면 귀걸이, 코에 걸면 코걸이라는 식으로 옷 모양을 만들면 패션이 되는 것이다. 그것도 젊은이라는 어느 한 계층을 말하는 것이 아니라 신분, 나이, 학식을 초월한 노(no) 패션이 될까 우려하는 마음이 나타나고 있다. 노 패션을 멋진 옷맵시보단 무개성의 옷으로 해석할 수 있다면 무개성 시대를 우려하는 것으로 볼 수 있다. 반면 무작위로 옷맵시가 황당하게 변한 나머지 그런 수준의 패션조차 아예 없어진다면 더더욱 황당한 수준의 옷이 된다는 것으로 해석할 수 있다. 시인은 노 패션을 비판하고 우려하고 있다.

> 화성에서 지구가 보이는/가장 경관 좋은 곳을/선착순 분양한다는 전단 살포에/새벽부터 북새통이다//인류의/우주로의 이동이 현실로 다가온 모양이다/주로 150세 이상 된 분들의 신청이/80% 이상이란다
>
> -「某月某日-분양공고」 전문

이 시에서도 시인의 무한한 상상력을 돋보이고 있다. 우주 교역 시대를 예견하고 있다. 지구는 이미 살 수 없

는 곳이 되었다는 사실과 150세 이상 생존하는 사람들이 많아졌다는 사실, 이 두 가지를 말하고 있다. 그 결과 화성에서 바라본 지구의 풍광이 상상을 초월한 형태로 드러나고 있다. 게다가 화성에서 집을 분양받고자 하는 사람은 80% 이상이 150세 이상이란다. 현재로서는 도저히 가늠되지 않는 세계이지만, 시인의 진단으로는 머지않아 우리의 환경변화는 이러한 상상까지도 가능케 한다는 것을 암시적으로 보여주고 있다.

> 추석 명절을 앞두고/90세 사람들이 선조들의 묘역을 가보지만/아무런 할 일이 없다//봉분도 없고/키가 장대만 한 나무가 조상의 묘라고/올려다보고만 있다
>
> -「某月某日-벌초하기」 전문

이 시는 가속되는 고령화 현상을 말하고 있다. 「某月某日-소나무」에서 '참 오래 살고 볼 일이라는/150세 증조할머니의 말씀이시다'라는 구절도 마찬가지이다. 「某月某日-벌초하기」에선, 90세 나이의 사람들이 벌초하겠다며 산소에 왔건만 할 일이 없다고 한다. 게다가 봉분은 세월의 흔적인지 마모되어 없어진 지 오래다. 그 자리에는 키 큰 나무가 세상 변화의 부질없음을 다 안다는 듯

이 내려다보고 있고, 사람은 망연자실 올려다보고 있는 덧없음을 연출하고 있다. 좁은 땅에 비해 90세 이상의 고령화 인구는 많아지니 조상의 무덤을 만드는 것조차 무의미해지고 있다는 현실과도 무관하지 않다.

「某月某日-모국어」, 「某月某日-노인」, 「某月某日-결혼」, 「某月某日-가족」, 「某月某日-분양공고」, 「某月某日-벌초하기」 등에서는 다문화 가정, 고령화 사회라는 사회문제를 시적 내용으로 삼았다. 넓게 보면 환경문제와 사회적 그물망과의 상호 간 문제를 다루는 사회생태론의 문제라 할 수 있다. 생존 문제를 환경 외에 사회, 정치, 문화 등의 차원에서 아울러 조망하는 통합 생태론의 문제이기도 하다. 이처럼 주변 환경변화의 요인은 걷잡을 수 없이 다양한 모습으로 나타나고 있다. 이런 시대에 앞으로 어떻게 인간으로서 양질의 삶을 유지하며 살아갈지 모색하지 않으면 안 될 상황에 놓여있다는 메시지를 시인은 제시하고 있다.

4 동물들의 본능적 감각이 보여주는 환경 위기

본능적으로 사람보다 감각이 더 예민한 생물들이 지구

상에는 존재한다. 타고난 다양한 감각으로 밀려오는 위기의식을 느끼는 짐승, 물고기, 곤충 등의 움직임을 통해 그 조짐을 짐작해 볼 수 있다. 인간은 자연 속에서 인간과 공존하는 다양한 생명체가 이제는 인간과 조화롭게 살지 못하게 하는 환경위기에 관심을 기울일 필요가 있다. 시에서 환경 위기를 나타내거나 인간과 공존하는 생물로 등장하는 대상은 반딧불이, 백곰, 바다표범, 펭귄, 잉어, 쥐, 딱따구리, 소, 비둘기, 호랑나비, 파랑새, 청제비, 콩새, 노고지리 등이다.

> 혹한의 백색 대륙/96% 정도가 평균 두께 2,160m의 얼음의 땅/그곳에서 벌어지는 각 나라의, 과학 놀이//해독되지 않은 신비/도전과 탐험 속에 녹아내리고/드디어 얼음 속에 숨겨진 열쇠가 열리는 날/해수면이/하루에도 몇 미터씩 출렁일 때/어미 펭귄은 대륙으로 이동할 것이고//아기 펭귄 한 마리/죽음의 파도를 타며 표류할 것이다
>
> -「某月某日-펭귄의 나라」 전문

바닷새 펭귄들은 온난한 해역인 남극을 터전으로 삼아 평화롭게 서식했다. 그러나 이제는 '각 나라의 과학 놀이'가 주는 도전과 탐험의 희생양이 되어 남극을 떠나 대륙으로 이동해야만 한다니, 어처구니가 없다. '각 나라

의 과학 놀이'란 과학의 발전이 초래한 환경 위기를 암시한다. 과학의 발전은, 자연을 개척 대상으로 삼아서 환경 생태계를 파괴하는 주범이 될 수 있다는 것이다. 결국 아기 펭귄은 끝내 죽음의 파도를 탄다는, 최악의 상황을 예견하고 있다. 인간과 공존해야 하는 자연 이치가 무너지고 있음을 자명하게 보여주고 있다.

> 세계 각국의 연안이 소란스럽다/생식기가 축소되고/암수의 생식기가 바뀌어 생기거나/난소와 정소가 함께 있는/잉어가 발견됐다는 이야기는/벌써 오래전 이야기다//....../환경호르몬 주범으로 의심 받고 있다 //우리는 1992년 덴마크 연구결과를/되짚어 봐야 한다
>
> -「某月某日-환경호르몬」 중에서

잉어는 개체 특성상 난소와 정소로 구분되어 역할이 따로 있건만 난소와 정소가 함께 하고 있다는 대변혁을 보여주고 있다. 이는 생식기의 교란 상태이다. 모두가 환경호르몬 탓이다. 환경호르몬 탓에 생명 창조의 질서가 무너지고 있다. 인류의 재앙을 암시하며 그로 인한 공포의 극치를 보여주고 있음에 주목할 필요가 있다.

> 바닷물이 얼어 형성된/얼음덩어리의 바다/한때 연안에는 고유

> 한 문화와 역사를 지키며/원주민 이누이투족(에스키모인)이/백곰과 바다표범과 어울려 살던 곳//여름 온도가 영상 10도에서 20도에 이르고/얼음의 바다는 서서히 녹아내려/꿈에서도 생각 못했던 재앙은 그렇게 서서히/숨죽이며 찾아오고 있다
>
> -「某月某日-백곰의 바다」 전문

태초에 백곰과 바다표범은 태평하고 평화스럽게 바다에서 원주민들과 더불어 잘 살았었다. 그러나 기후변화로 인해 점점 얼음 바다가 녹아내려 더는 살 수 없는 곳이 되고 말았다. 앞서 말한 대로 지구 온난화 현상의 폐해를 경고하고 있다. 재앙의 엄습이 무서운 현실로 다가오고 있다. 이 현실을 시인은 직시하며 그에 따른 환경위기를 직설적으로 서술하고 있다.

> 지구를 향하는 혜성/미국항공우주국(NASA)이 개발한 물체와/충돌이 일어날지 모른다는 엄청난 기사에 초주검 된 사람들//갑자기 귀가 멍하고 비행 음이 폭발적으로 들린다/수억만 년 전 빙하가 생각나고/공룡이 살아 돌아올 것만 같은 느낌이 든다//쥐구멍이 위태롭고/딱따구리의 집이 위태롭고/거리의 아스팔트가 일어서는 느낌이 든다
>
> -「某月某日-혜성」 전문

지구를 향하는 혜성이 미국항공우주국NASA이 개발한 물체와 충돌이 일어난다면 인류의 삶은 여지없이 위협당

하게 될 것이다. 쥐와 딱따구리가 서식처와 기본적인 생존 조건마저 위협을 받는 사태를 상정想定해 보고 있다. 오죽하면 빙하기가 떠오르고 공룡이 살아 돌아올 것만 같다고 했을까. 지구상에 공존해야 할 생명체가 위협받는 상황이 끔찍하기만 하다. 시에서는 환경 위기가 글로벌 기후 위기 차원에서 비롯되고 있음을 말하고 있다.

> 노아의 방주에서부터 지금까지/떠나지 않고/지구의 물가에서/과학의 배설물에 한 발을 잃고/외로이 서 있는 저 비둘기
>
> –「某月某日–비둘기」 전문

비둘기의 역사는 깊다. 구약 성경 창세기에 나오는 노아의 방주 시대부터 있어 오던 비둘기가 이제는 과학적 변화 앞에 발 하나를 잃고 외로이 서 있는 형국이다. 조류鳥類가 살 수 없으니 인간의 삶은 얼마나 위협을 받을 것인가를 상상하게 하는 그러한 무서운 미래를 향해 가고 있는 우리들의 앞날이 두려울 뿐이다.

> 화폭 위에 그림을 그린다/사람들의 모습/주변의 풍경들 모두/원시 시대다//호랑나비가 화폭에 앉는다/화가를 대신해서/황홀한 서명을 한다
>
> –「某月某日–호랑나비」 전문

녹색별이 인간들에게 말을 걸기 시작했다//인간들이 지구에 무슨 짓을 하였기에/지구의 몸이 저토록 함몰되어 있었는지를//아주 늦은 밤이지만/엊그제 돌아온 파랑새를 찾아가/복원된 지구 이야기와//그동안 어디에서 편히 있었는지/물어봐야겠다

-「某月某日-파랑새를 찾아서」 전문

중국으로부터/황사가 몰려온다/모든 국민은/잠시 일손을 놓고 손바닥을 펴서/중국 쪽으로 힘을 모으란다/나비효과란다//모두/위아압!~~~~~압압!!!

-「某月某日-나비효과」 전문

나비와 새를 등장시켜서 인간들이 지구에서 사는 동안 무슨 짓을 하였기에 사람다운 행위가 사라지고 있는지 다양하게 묻고 있다. 화가를 대신해서 호랑나비가 서명하고 함몰된 지구의 연유를 파랑새에게 묻는 시대가 되었다. 미물이 먼저 알아차리는 자연현상 앞에 인간의 삶은 여지없이 피폐해져 가고 있음을 시인은 포착하고 있다. 건강한 지구의 복원을 생각하자는 시인의 간절한 염원은 공감을 준다.

「某月某日-나비효과」에서는, 중국의 황사현상으로 모든 국민은 일손을 놓고 나비효과를 기대하며 공기 맑은 세상에서 안전하게 숨을 쉬며 살 수 있도록 안간힘으로

몸부림치고 있다. 사실 황사 외에 중국에서 들어오는 것은 미세 먼지가 있다. 그 외 산성비, 해양 오염 등은 우리 국민뿐이 아니라 주변국들이 함께 풀어가야 할 과제이다. 그런 점에서 이 시는 모든 국민을 청자로 설정해서 참여 의식을 고취하고 있다. 환경이 오염되고 기후의 이상 변화로 인해 이제는 일상적 삶의 형태가 위협받고 변모될 수밖에 없다는 현실을 시적 사유로 해서 전개한 시들을 살펴보았다.

5 판타지 공간에서 상상력을 동원한 세계관

시적 공간을 한결같이 환경 위기를 담고 있는 판타지 공간으로 설정해서 무한한 상상력을 펼친 시들을 살펴본다. 긴장과 공포를 안겨주는 상상력을 통해 우리가 자연을 보존하지 않으면 미래에 어떤 이변이 일어날지도 모른다는 경각심을 주고 있다.

> 10여 개의 우주 국가로부터 교역 신청이 쇄도/우주 교역 국장의 인터뷰 내용이 사이버 공간을/차지하고 있다/품목으로는 공기, 흙, 식수, 씨앗 그리고 우주 교역선//우주 정거장에선/로봇들의 축하 공연이 있다고 한다
>
> -「某月某日-우주 교역 시대」 전문

상상 속의 나라들은 우주 국가이다. 사이버 공간에서는 교역이 이루어지고 있다. 우주 정거장에서 벌어지고 있는 로봇들의 축하 공연을 상상해 보는 작가의 기발함이 돋보이는 시이다.

> 컴퓨터가 신의 영역까지 침범하였다는 신고가 들어왔다/광학 현미경을 들고 총출동한다//범죄자의 가당찮은 탐욕 찾기를 막을 방안을 마련하고 있다
>
> -「某月某日-신의 영역」 전문

정보통신 시대를 맞이하여 이제는 컴퓨터가 초월적인 신의 영역을 마침내 침범하였다는 가당찮은 현실을 설정해보고 있다. 기술로 모든 문제를 해결할 수 있다는 기술관료주의가 연상된다. 여기에서 범죄자를 추적하듯 신의 영역을 침범하는 사건을 막아내려 한다.

> 비가 오르고 있다/위로 치솟는 빗줄기에/무지개가 동승하고/그 색깔은/도저히 무슨 색인지 알 수 없 어/컴퓨터에 댓글을 올렸더니/물방울이 되어 돌아왔다
>
> -「某月某日-무지개」 전문

비가 거꾸로 솟는 발상 자체가 신선하다 못해 기괴하다. 거기에 동승하는 무지개의 색깔은 이미 우리가 습득

해 온 상식과는 동떨어져 있다. 댓글이 물방울 되어 돌아온다는 것은 시적 상상력의 산물이다. 독자에게 무지개의 또 다른 색깔을 유추하도록 한다.

> 세계 에너지국으로부터 몇 년 뒤에는/석유가 모두 땅속으로부터 증발할지도 모른다는/머리기사 뉴스로 세계가 시끄럽다/부자들과 과학자들은 모두 화성으로/이주 신청을 해 놓은 상태란 소문이 무성하다//시골 촌부들은/바람을 달래어 필요한 풍력을 만들고/태양열을 받아 모을 방안을 생각 중이란다//그러나/어느 세월에나 가능할지? 라며 한탄한다
>
> -「某月某日-석유에너지 고갈」 전문

석유는 우리 생활의 많은 부분에서 영향력을 끼치고 있다. 땅속의 석유가 고갈되었을 때를 상상해 본다면 현재의 모든 인간 생활의 형태는 말할 수 없는 위기 상황을 초래할 것이다. 이에 아랑곳하지 않고 부자들과 과학자들은 화성으로 이주 신청을 하여 그들만의 생존전략에 몰입하게 될 거라는 상상력을 펼치고 있다. 반면 시골 촌부들은 바람을 달래어 풍력을 만들고 태양열을 만든다고 했다. '어느 세월에나 가능할지? 라며 한탄한다'라는 끝 연에서 시인은 촌부들의 원시적 노력을 지지하고 있다. 시대를 초월해서 빈자와 부자의 삶은 극명하게 갈리

고 있음을 시인은 직시하고 있다. 이 시의 압권은 그러한 세상의 역리는 쉽게 이루어지지 않을 것임을 암시하는 것에 있다. 반전 가운데 안도가 되는 순간이다.

> 도시의 일반주택이 모두 사라졌다/하늘과 가까운 아파트 숲들마저/수명을 다하고 재건이 어렵다는 판단//사람들은/저마다 길거리 노숙자 신세가 되지 않을까?
>
> -「某月某日-주택」 전문

일반주택과 아파트가 수명을 다하여 사라져버리는 날이 오지 않을까 하는 상상의 극치를 보는 듯하다. 결국 모든 사람이 노숙자 신세로 전락하고 말 것이라고 예단한다. 언젠가는 이런 날이 올 수도 있지 않겠느냐 하는 것은 기발한 발상이다. 이처럼 인간의 기본적인 삶이 위협받는 환경변화를 주시하지 않으면 인간의 존재와 존립에 어떠한 형태로든 위기가 올 것이 틀림없다. 시인은 밀려오는 변화에 슬기롭게 대처해야 할 것을 암시하고 있다.

> 오시오철/푸르던 소나무에도/형형 색깔의 단풍이 든다//참 오래 살고 볼 일이라는/150세 증조할머니의 말씀이시다
>
> -「某月某日-소나무」 전문

지금과 같이 기후변화 현상이 지속한다면 사시사철 푸르던 상록수인 소나무의 변모는 어찌 될 것인가를 상상해 보고 있다. 사시사철이 아니라 오시오철 푸르던 소나무가 단풍이 들 것이라는 기발한 상상력이 포인트이다. 때맞춰 평균수명이 150세가 되고 보니 증조부모까지 해서 4 세대가 함께 사는 것은 자연스런 일이 된다. 그러다 보니 두 세기를 살아온 노인으로선 소나무가 단풍 드는 기이한 자연변화에 대해 오래 살고 볼 일이라는 말로 표면적으로는 감탄한다. 그렇지만, 이 감탄 속에 스며있는 조소는 반어적 효과를 주고 있다.

> 세월이 흘러도 주름이 없다/노인이 웃어도/장미꽃처럼 곱다//그들은/소리 내어/늙음을 탓하지 않는다//사람의/일생이/행복하기만 하다
>
> -「某月某日-사람」 전문

> 밀림이 우거지고/밤길이/무서워진 건 사실이나 별이 안내한다//세계 지도의 숲이/무성하여/사람이 보이지 않는다//사람과/동물이/동행하고 있다
>
> -「某月某日-동행」 전문

> 꽃다운 꽃이 없다/반성과 후회 없는 자본만/모래 시장을 질주한다/죽음과 자살을 동시에/염가판매 한다
>
> -「某月某日-시장」 전문

「某月某日-사람」에서는, 인간세계가 인공적이라면 그곳에서는 주름 없는 인물도 탄생할 수 있다는 작가의 상상력이 돋보인다. 「某月某日-동행」에서는 사람과 동물이 공존하게 되는 세상을 상상하고 있다. 별이 길을 안내하는 세상이 될 것이라고 한다. 사람이 점점 없어지는 세상을 예견하고 있다. 「某月某日-시장」에선, 꽃다운 꽃이 없는 세상이라서 죽음과 자살을 묶어서 동시에 판매할 것이라는 극한의 상상력은 독자를 전율하게 한다.

> 지금까지의 숲의 형태가 아니다/많은 나무가/서서히 분재 형태로 바뀌고 있다//환경의 재앙에 놀라 숲이 분노했나 보다
>
> -「某月某日-숲」 전문

> 베트남 하롱베이 삼 천여 개의 섬이/서로 간격을 좁히고 있다/우리나라 서해의 섬도 마찬가지 현상이란다//푸른 눈빛의 섬들이/세계 곳곳의 항만으로 모여들고 있다//섬이 지구가 되고/본시 지구는 바다가 된다
>
> -「某月某日-섬」 전문

「某月某日-숲」에서는 오랜 세월이 흐르다 보면 주변 환경의 재앙과 그 변모로 인해 우리가 알고 있는 밀림 숲과 같은 형태는 이미 사라진 지 오래될 것이라고 한다.

환경재앙으로 인해 나무는 분재 형태의 인위적인 모습으로 변모하고 말 것이라고 상상하고 있다. 「某月某日-섬」에서는 섬과 섬들의 간격이 좁혀져 끝내는 섬이 지구가 되고 지구가 섬이 되는 뒤죽박죽 형상을 상상하고 유추하고 있다.

> 20세기에 불치병으로 분류되었던 모든 질병이/유전자 치유법으로 치유될 수 있다는/아침 영상 메일 내용이다//쪽지란에는 최근 밀레니엄 사업으로/사람의 심리와 마음을 관리하는 사업이/최고의 부와 인기를 누릴 수 있다는 정보다
>
> -「某月某日-사업」 전문

사람 마음을 관리하는 사업이 가장 고귀한 가치로 남을 사업이 된다는 것을 예견하고 있다. 실은 모든 불치병도 사람의 심리에서 치유 기능을 유인하는 것이 많으므로, 모든 질병을 치유할 수 있는 유전자 기법을 활용할 수 있다는 긍정적 상상력을 나타냈다. 이런 발상에는 생명을 존중하는 따뜻한 마음이 깔려있다. 이처럼 수 편의 시작품 속에서 시인의 기발한 상상력은 마치 과학소설 내용처럼 다채로운 모습을 연출하고 있다. 디지털과 아날로그의 대조가 나타난 시가 있다. 「某月某日-창고」에서는 돈거래가 은행 대신에 핸드폰과 일반 가게에서

이루어지고 있다는 현실을 탄식한다. 「某月某日-원고청탁」에서는 오직 PC로 글을 쓰는 디지털 글쓰기 시대에 노벨상을 주관하는 스웨덴 한림원에서 원고지 사용을 규정했다는 사실을 내용으로 했다. 이는 가장 본질적이고 오직 인간의 몸으로 글을 쓰는 아날로그 습성을 간직하자는 의미이다.

시집의 1, 2, 3, 4부에 수록된 시들은 인간에게 주는 여러 생태환경의 폐해와 자연의 재앙을, 지구온난화, 기후변화, 탄산가스, 에너지 고갈, 환경호르몬 등등의 소재를 통해 서술하고 있다. 문제점을 서술한 시에선 위기에 대응하는 구체적 대안이 남은 문제가 된다. 그렇지만, 사실을 그대로 제시하며 경각심을 주는 시적 내용을 통해 독자는 구체적 대안을 각자 생각해 볼 수 있다. 그 결과 인간은 환경 살리기와 씨를 심어 밭을 일구기에 전념해야 할 것이다.

6 결론 삼아 덧붙이는 글-인간의 치유 능력을 탐색

아픈 지구를 어찌하나 싶다. 밀려오는 기후변화를 어찌 막아내나 싶다. 이런 사태를 속수무책으로 마냥 당할 수

만은 없으며, 무방비 사태로 수수방관할 수는 더더욱 없는 일이다. 이런저런 방법론으로 지구를 살려내기 위한 시도는 다양하게 진행되어 오고 있다. 최첨단의 과학 세계는 물론 경제 화학 분야에서도 전 지구적 차원으로 유대 관계를 맺으며 환경변화에 대해 대응책을 마련하고 있다.

> 지구를 살리기 위한 일환으로/세계의 시인들이 서울에 모였다//그들은, 바람의 형체가 사나워져 가고 /색깔이 너무 다양하게 변하는 것에 대한/조사촉구를 관계기관에 알렸다//과거의 투명한 바람으로 되돌려 놓지 않으면/모두가 절필(絶筆)하겠다는 성명서도 채택했다
>
> -「某月某日-시인회의(詩人會議)」 전문

결국, 사람의 마음을 읽고 진단해서 치유의 기능까지도 가능하게 하는 것은 문학이다. 그래서 시인들이 팔을 걷어붙이고 나서서 '과거의 투명한 바람으로 되돌려' 놓을 것을 요구하면서 지구 살리기 성명서까지 쓰면서 구국적 방법론을 채택하였다. 건강한 지구로 돌려놓지 않으면 모두가 절필하겠다는 선언까지 하고 있다. 문심文心의 승리인 것이다. 인간의 사랑을 이길 만한 것은 아무것도 없다. 희망의 지구를 살려야만 한다는 시인의 목소리는 곧 더 늙기 전에 더 많이 자연과 생명을 사랑하라는

메시지로 문을 닫는다. 이처럼 세상의 모든 자연환경이 잘 보존되고 더 이상 훼손되어선 안 된다는 시인의 신념은 곧 사람을 사랑하는 마음의 표출이며 시인의 숨은 노력이기도 하다.

시집의 4부에 나온 일부 시들과 5부에 수록된 시들에선 생태주의에 따른 각종 문명을 비판한 시들과는 달리 자연과 인간이 합일을 이루는 유토피아적인 시 세계를 서술하고 있다. 이런 시점의 전환은 모월 모일 황금달팽이의 자각으로 이뤄졌다. 황금달팽이는 슬픔을 지닌 존재이며 나무가 없는 숲속에서 숨마저 쉴 수 없는 불쌍한 존재였는데, 인간들의 자연과 생명에 대한 사랑에 힘입어 비로소 "어찌 이처럼 아름다운 황금빛일까?"라는 소리를 듣게 되었다. 이어지는 연작 시에서는 인간과 동물과의 상생과 포용의 정신 그리고 생명을 존중하고 숲을 회복하자는 움직임이 시적 내용으로 나타났다. 인간 생태와 자연 생태가 화합하는 모습이다. 그래서 '죽은 바다는 살기 위해/기형의 생물이라도 출생한다'(「某月某日-생물」에서) 동시에 '지구의 본시 생태계가 복원될 전망'(「某月某日-한국형 인공태양(kstar)」에서)이라서 '지구의 온도가 정상으로 돌아오고/사람들의 기술도 친환경으로 돌아왔다'(「某月某日-파도」에서)라고 한다. 1, 2, 3, 4부의 시들에서 보였던 끔찍한 지구상의 생태환경 위기와는 정반대의 내용이다. 본래 바라던 생태환경의 이상향을 그대로 서술하고 있다.

> 그칠 줄 모르고 떨어지는/자연의 부활/생명이 노래하는 소리/밤이 새도록//나는 편안하게 듣는다
>
> -「某月某日-소리」에서

> 지금도 겁먹고 떠돌던/나의 생기,/쫓기고 쫓겨도 겁 없이 흔들어줄/오래전 울창한 숲/그 나뭇가지만 있다면/그 생명을 지켜줄 힘만 있다면/
>
> -「某月某日-바람소리」에서

> 적막 속에/나는 기억으로 소생(蘇生) 되어/치유된 숲속 달빛을 앞세워/과거에 사라진 사람의 사랑을/생각한다//봄 여름 가을과 겨울이 뚜렷했던/그 시절/자연과 사랑을
>
> -「某月某日-자연과 생명」에서

「某月某日-소리」에서는 현재 복원된 지구환경을 편안하게 누리는 모습을 서술했다. 「某月某日-바람 소리」와 「某月某日-자연과 생명」에서는 과거의 온전했던 지구환경을 현재 시점에서 그리워하는 모습을 서술했다. 그렇지만 과거 기억만으로도 지구의 원래 아름다운 모

습과 자연과 인간의 상보적 공존을 염원하고 있기에 환경 수호의 자세를 심어주고 있다고 할 수 있다.

『황금달팽이의 모월모일』은 모월모일 황금달팽이의 관점에서 생태환경을 중심으로 고민하고 생각해 본, 시인의 단상들이 다양하고 심도 있게 상상력을 동원한 80편의 시로 엮어진 산물이다. 녹색환경의 위기를 여러 소재를 통해 비판하면서도 우리의 소중한 생명을 향한 절실하고 현실적인 사랑의 노래로 승화하고 있다. 시를 통해 독자에게 우리 주변의 녹색환경 보존에 대한 울림을 주고자 하는 시인의 마음을 읽을 수 있다. 새삼 우리 주변 환경을 뒤돌아보게 하는 시인의 의도를 되새김질하게 한다. 편리한 과학 문명의 발달과 자연 생명을 지키면서 상보적 공존을 유지하는 길이 시인의 공공적 갈망이다. 『황금달팽이의 모월모일』은 녹색환경 지키기가 곧 자연과 생명의 공생이라는 주제가 담긴 시집으로, 그 가치를 높이 평가하는 바이다.